BERLINGUE,

PARODIE D'ERNELINDE,

EN CINQ ACTES,

EN PROSE ET EN VAUDEVILLES,

Par M. DESPREAUX, Penſionnaire du ROI.

Repréſentée devant leurs MAJESTÉS, à Choiſy le 13 Septembre 1777, le 8 Octobre 1777, & en Septembre 1778.

DE L'IMPRIMERIE

De P. R. C. BALLARD, ſeul Imprimeur de la Muſique du ROI, des Menus Plaiſirs de SA MAJESTÉ, & de Monſeigneur & Madame la Comteſſe D'ARTOIS.

Par exprès Commandement de SA MAJESTÉ.

PERSONNAGES

DANSANS ET CHANTANS.

ACTE PREMIER.

GARDE DU CHATEAU.

Le Sr. PETIT.

VIVANDIERES.

Les Srs. Fabre, Duchaine, Trupti, Caster, *en femmes.*

SUITTE DE BOURADE.

Les Srs. Vestris, f. le Doux, Dossion, Giguet.

SUITTE DE BRISEFER ET DE SANGODEMIS.

Le Sr. DESHAIS.

Les Srs. le Breton, Laval fils, le Bel, Simonet, Abraham, Léger, Ducel, Guillet.

ACTE SECOND.

PREMIERE DANSEUSE.

Le Sr. GARDEL, l. *en femme.*

Les mêmes du premier Acte.

ACTE TROISIEME.

MATELOTS ET MATELOTES.

Les Srs. Petit, Fabre, Laval, f. Guillet.

MATELOTE.

Le Sr. Le Bel, *en femme.*

ACTE CINQ.

GRANDS PRÊTRES.

Les Srs. Petit , Doſſion , le Doux , Abraham ,
Léger , Giguet , Guillet.

PEUPLE , SOLDATS.

Les mêmes du premier Acte.

ACTEURS.

BOURADE, *Pere de Berlingue.* Le Sr. Gardel J.

BRISEFER, *Roi.* Le Sr. Dugazon.

BERLINGUE, *Amante de Sango-*
demis. Le Sr. Defpréaux.

SANGODEMIS, *Amant de Ber-*
lingue & ami de Brifefer. LaDlle.Guimard.

JELERISQUE, *Confident de*
Brifefer. La Dme. Dugazon.

GILVERT, *Confident de Sango-*
demis. Le Sr. Lambert.

GRAND PRÊTRE. Le Sr. Petit.

VIEILLARDS.

PEUPLES.

SOLDATS.

VIVANDIERES, &c.

MATELOTS.

MENEURS DE CHIENS, &c.

La Scène fe paffe dans le Château de Bourade.

BERLINGUE,
PARODIE D'ERNELINDE.
ACTE PREMIER.

*Le Théâtre repréfente la cour du château de Bourade,
le Cuifinier monte la garde.*

SCÈNE PREMIERE.

BERLINGUE, BOURADE, SUITB DE GARDES.

D U O.

Air : *Eſt-il donc vrai Lucile.*

BERLINGUE.

Quoi ! vous partez mon pere,
Vous fuyez de mes bras ?

BOURADE.

Je fais ce qu'il faut faire,
Ne m'étourdiſſez pas.

BERLINGUE.

Vous êtes en colere. . . .

A

BERLINGUE,

BOURADE.

Ne me queſtionne pas.
Je t'enverrais....

BERLINGUE, *en lui prenant la main.*

Mon pere.

Ne vous emportez pas.

BOURADE.

Air : *De la Thérese , Contredanse.*

Lâche-moi la main ,
Ma fille , il faut que je m'en aille,
Entends-tu les cris le train
Que fait cette canaille ?
Si ces malotrus
Une fois perçoient la muraille ,
Nous ferions tondus
Je ne t'en dis pas plus.

BERLINGUE.

Air : *L'amour me fait belle lon la , l'amour me fait mourir.*

Que peut votre courage ,
Contre ces fiers à bras ;
Ils ont tous l'avantage
Dans ce maudit fracas ,
Ils font dix contre quatre ,
Vous n'en reviendrés pas.

BOURADE.

Je veux , je veux , je veux me battre
Ne m'arrête pas.

Je fuis plus en colere contre Sangodemis que contre tous les autres. Ce jeune infenfé fier, de ce qu'un jour il fera riche, ofa te demander en mariage, dans ce tems-là j'étois ami avec fon pere.

BERLINQUE.

Et vous me permettiez de répondre à fes lettres.

BOURADE.

J'ai changé d'avis.

BERLINGUE.

Il eft fi aimable !

BOURADE.

Pourquoi de Brifefer prend-il le parti? Brifefer venge fon frere que j'ai tué, il a raifon, mais lui de quoi diable fe mêle-t-il. Adieu mon enfant je vais me battre.

BERLINGUE.

Mais papa, que ferai-je ici toute feule?

BOURADE, *en s'armant.*

Arrange-toi, chante fi tu veux, j'ai bien autre chofe en tête.

Air : *Les Sauvages.*

Donnez-moi mon fufil * * * (1)
Qu'importe le péril, * * *
Je veux à ces damnés
Caffer le nez.

____

(1) Les étoiles marquent les nombres des note, qu'il faut laiffer paffer.

Arrivera
Ce qui pourra ,
Si chofe eft le plus fort * * *
Il faut fuivre fon fort * * *
Je ne crains pas la mort ,
Vainqueur ou non ,
Je ne mourrai pas en poltron ,
Non.
Et toi dieu des combats * * *
Si tu conduis mon bras * * *
Non tu n'y perdras pas ,
En revenant ,
Je te promets un éléphant ,
Blanc * * * * ,
Grand * * * * ,
Bien portant ,
Mais fi je fuis occis ,
Une fouris
Sera tous tes profits ,

Donnez moi , &c.

(Il fort.)

SCÈNE II.

BERLINGUE, *seule*,

Air : *Mineur, le dieu de la tendresse.*

Grand dieu du haut des Cieux,
   Exauce ma priere,
Dieu, fauve, fi tu peux
   Mon amoureux;
Ne fuis pas ma priere,
Sauve plutôt mon pere,
   Si tu veux
   Faire mieux,
   Sauve tous deux.

Air ; *Voila la petite Laitiere.*

Voila, voila ce que c'eft quand on aime :
On déraifonne à chaque inftant,
Je ne reconnois pas mon amant:
Je ne me connois pas moi-même,
Je ne fçais ni pourquoi, ni comment
   Quand je dois le hair je l'aime;
Je dois craindre pour mon honneur,
Et je voudrois qu'il fut vainqueur.
Voila, &c.

CHŒUR ; *de foldats qu'on ne voit pas.*

Air : *Du Maréchal, tot, tot, tot.*

Jettons, jettons ces murs en bas,
Courage amis, ne bronchons pas,

Nous fommes furs de la victoire,
Sangodemis conduit nos bras,
Ceux qui trouveront le trépas,
N'en vivront que plus dans l'hiftoire ;
Tôt, tôt, tôt,
Battez chaud,
Tôt, tôt, tôt,
Bon courage,
Il faut avoir cœur à l'ouvrage,

Sur l'Air du Charivari.

(*On voit différentes perfonnes fe fauver , & le fiége commence.*)

Air : *Frere Blaife.*

CANON.

CHŒURS D'ASSIÉGÉS.	CHŒURS D'ASSIÉGEANS
Tenons fermes ;	Pouffons fermes ,
Tenons fermes ,	Pouffons fermes ;
Défendons ,	Renverfons
Défendons ,	Renverfons
Reprenons courage ... (*bis.*)	Faifons du carnage ... (*bis.*)
Bon , bon , bon.	Bon , bon , bon ,
Bon , bon , bon.	Bon , bon , bon.

BERLINGUE, *s'affied près le puits.*

Je crois que je vais me trouver mal , affeyons nous dans ce coin.

SCENE III.

SANGODEMIS, *entre par un trou du mur suivi de tous ses Guerriers.*

Air : *le Port-Mahon est pris.*

Ne jettez plus de pierre :

CHŒUR.

Jettons, jettons, jettons tout par terre
C'est le droit de la guerre,
Tuons, pillons, volons ;
Combattons, renversons, combattons.

SANGODEMIS.

Arrêtez mes amis,
C'est assez de taudis,
Ne jettez plus de pierre.

CHŒUR.

Jettons, jettons, jettons tout par terre.
C'est le droit de la guerre,
Tuons, pillons, volons,
Combattons, renversons, combattons.

SANGODEMIS.

Air : *Nanon dormoit.*

Amis hola !
Ah ! j'ai le cœur tout morne,
Berlingue est là
Couchée auprès la borne,
Regardez, la voila, hola, hola,
Passez par là relevons-la.

A4

BERLINGUE,

Air : *Ma Colette êtes-vous fâchée.*

Ma petite, n'allez pas vous fâcher,
C'eſt votre amant qui vient vous dénicher.

BERLINGUE.

Sangodemis, oſes-tu bien infâme.
Après ce train venir parler d'amour.

SANGODEMIS.

Air : *Allez, cherchez de l'eſprit.*

Partons, tandis qu'il fait jour,
>> Madame,
>> Madame,
Partons tandis qu'il fait jour,
Vous devez être ma femme ;
Et je crains pour mon amour.
Partons tandis qu'il fait jour,
>> Madame,
>> Madame,
Partons tandis qu'il fait jour.

BERLINGUE.

Moi, ſuivre un furieux qui vient de tout briſer,
qui n'a fait que plaie & boſſe.

Air : *Marié, marié, marié moi.*

Mon papa peut être eſt mort.

SANGODEMIS.

Non j'ai pris ſoin de ſa vie.
Je vous le répéte encor,
Oui Madame il eſt envie.

BERLINGUE.

Mon papa, mon papa, peut être eſt mort.

SANGODEMIS.

Eh ! grands Dieux ! quelle folie !

BERLINGUE.

Mon papa , mon papa peut être eft mort.

SANGODEMIS. .

Non , Madame , il vit encor.

BERLINGUE.

Eh bien ! veux-tu que j'oublie tout ?

SANGODEMIS.

Que faut-il faire Princeffe ?

BERLINGUE.

Prends le parti de mon pere , fois fon bâton de vieilleffe.

SANGODEMIS.

Que diable me propofez - vous ? cela n'a pas le fens commun , on ne faura ce que cela veut dire , de me voir battre pour & contre , j'aurois l'air d'un déferteur.

BERLINGUE.

Ma main eft à ce prix , Brifefer eft vainqueur , mais c'eft toi qui as tout fait ; s'il alloit s'amouracher de moi.

S A N G O D E M I S.

S'il s'en aviſoit , je lui couperois les oreilles, & ces gaillards-là me défendroient.

S A N G O D E M I S.

Air : *des Pendus.*

> Or écoutez , mes chers amis ,
> Notre honneur ſeroit compromis ,
> Pour peu qu'on inſulte Madame
> Dont je prétends faire ma femme;
> Jurés en cas qu'on la trompa ,
> De défendre elle & ſon papa.

Ceux qui ne leveront pas la main avec les autres feront des traîtres.

S A N G O D E M I S , *avec le* C H œ U R.

Air : *Canon.*

S A N G O D E M I S.	C H œ U R.
Jurez tout de bon ,	Jurons tout de bon ;
Poudre de canon ,	Poudre & canon ,
Pour toi nous jurons	Par toi nous jurons :
Que nous défendrons	Que nous défendrons
Ce petit tendron	Ce petit tendron
Et ſon vieux barbon ,	Et ſon vieux barbon ,
Berlingue, Chiquette bon.	Berlingue , bon.

(*On entend une marche.*)

BERLINGUE.

J'entends Brifefer qui s'avance.

SANGODEMIS.

Ne vous cachez pas, il eft hautain, emporté, mais dans le fonds c'eft un bon diable.

BERLINGUE.

Je m'en vais voir mon papa.

(Elle fort.)

SCENE IV.

SANGODEMIS, BRISEFER, *trainé sur*
un cheval de bois par Jes Soldats, entre par le
trou du mur, VIVANDIERES, *à la Juite de*
l'armée.

BRISEFER.
Air : *Du haut en bas.*

SANGODEMIS,
On peut vous nommer Virtuofe,
    Sangodemis,
Vous roffez bien les ennemis;
Vous voyez bien ce laurier rofe,
En votre faveur j'en difpofe
    Sangodemis.

SANGODEMIS.
Air : *R'li, r'lan ran tan plan.*

Berlingue fera mon feul gage,
Voilà Seigneur, voilà mon prix.

BRISEFER.
A mes Soldats que l'on partage
Les dépouilles des ennemis :
C'eft vous qui marchiez à la tête,
Vous connoiffez les plus vaillans,
R'li, r'lan r'lan tan plan,
    Dans la tempête,
Diftribuez felon les rangs.

(*Brisefer s'assied sur un fauteuil que l'on place sur les débris.*)

SANGODEMIS.

Air: *Pour vous jeune mortelle, de l'Opéra d'Alcimadure.*

Accourez beautés fieres,
Vous qui suivez nos pas,
Charmantes Vivandieres,
Qui bravez les combats,
Venez belles guerrieres,
Venez donner ces prix :
Que votre main légere
Couronne vos maris,
Dont la main meurtriere
Roffa nos ennemis.

(*En diftribuant les prix.*)

Air : *Gai, gai, gai.*

Prends cette pique, Euftache,
Avec ces deux chapeaux ;
Toi, prends cette mouftache,
C'eft un don des plus beaux.

Avec le Chœur.

Gai, gai, gai, lariradondaine,
Gai, gai, gai, la riradondé.

I I.

Toi, mon cher la Tulipe,
Qui brave le péril,
Je te donne une pipe,
Une pierre à fufil.

Avec le Chœur.

Gai, &c.

III.

Prends ce bonnet, Grégoire.
Et fans plus de difcours
Qu'au chemin de la gloire
Nous le voyons toujours.

Avec le C**H***œU***R.**

Gai, &c.

Air : *Réveillez-vous belle endormie.*

Il refte encore une épaulette,
Il faut voir qui de vous l'aura,
Je la jette à la gribouillette,
Elle eft pour qui l'attrapera.

(*On danfe.*)

C H Œ U R.

Air : *De Golconde.*

Chantons tous, chantons tous, } (*Bis.*)
Danfons, amufons-nous.

(*On reprend la marche.*)

Fin du premier acte.

ACTE II.

SCENE PREMIERE.

BRISEFER, *feul.*

Air : *De la Madeleine.*

Non par ma foi, tu n'auras pas
Le plus beau fruit de ma victoire ;
Berlingue à pour moi trop d'appas,
Saugodemis tu peux le croire,
Tu diras ce que tu voudras,
Tu jureras, malgré cela
Ce foir elle m'époufera.

Même air.

En vain tu me reprocheras
Que je t'ai donné ma parole,
Tu ne fais pas, mais tu fauras
Que cela n'étoit qu'une colle ;
Un jour je t'ai dit, tu l'auras ;
Mais tout cela, ne vois tu pas,
N'étoit que pour que tu m'aidas.

SCENE II.

SANGODEMIS, BRISEFER.

SANGODEMIS.

Monsieur , votre ferviteur, eh ! bien , comment cela va-t-il ? vous avez l'air tout chofe , vous me tournez le dos , qu'avez-vous contre moi , parlez ?

BRISEFER.

Tiens , mon ami , je te vais dire en deux mots ce qui en eft.

SANGODEMIS.

Voyons.

BRISEFER.

Avant que d'être Roi , j'ai voyagé , j'ai couru la pretentaine. En paffant par ce village, Bourade m'ouvrit fon château , & même me donna à diner ; fa fille alors en maillot , mais déja jolie , offrit à mes yeux fes appas ; fa petite bouche enfantine fit naître en mon cœur un certain tactac qu'il ne connoiffoit pas.

SANGODEMIS.

Oubliez-vous , Seigneur , que . . . .

BRISEFER.

BRISEFER.

Je fais bien qu'on te l'a promife en mariage , mais depuis ce tems , fon pere a roffé mon frere , & je veux époufer Berlingue pour faire la paix.

SANGODEMIS.

Mais, Seigneur, vous déraifonnez, de quel droit la prenez-vous ?

BRISEFER.

Morbleu , par le droit du plus fort.

SANGODEMIS.

Ne vous reffouvient-il pas que c'eft moi qui . . .

BRISEFER, *avec une groffe voix;*

Que dis-tu ? . . .

SANGODEMIS *pleurant.*

Que vous êtes un coquin, un fourbe, un . . . . & que , fi vous me prenez ma femme , je vous torde- rai le cou.

DUO.

Air : *La Piémontoife , contredanfe.*

BRISEFER.

Tout cela n'eft qu'un feu de paille
Que j'éteindrai
Quand je voudrai.

B

SANGODEMIS.

Tu joins la menace à la gouaille ,
Prends garde , je te rofferai.

BRISEFER.

Ah ça ! veux-tu bien te taire ?

SANGODEMIS.

Malgré toi , je veux parler.

BRISEFER.

Ne me mets pas en colere,

SANGODEMIS.

Crois-tu me faire trembler?

BRISEFER.

Quelle fottife!
Quelle bétife !
De vouloir faire le hargneux.

SANGODEMIS.

Je te méprife,
Je te méprife ;
Nous verrons qui l'aura des deux.

(*Ils reprenent enfemble la reprife.*)

SANGODEMIS.

Air : *Des trembleurs.*

Si je vais prendre ma hache,
Devant qui chacun fe cache,
Toi qui n'eſt rien qu'un bravache,
Devant moi tu blanchiras.

BRISEFER.

Veux-tu ceſſer ce reproche;
Ou d'une bonne taloche,
Un des deux yeux je te poche;
A la fin tu te tairas!

(*SANGODEMIS, fort furieux.*

S C È N E   III.

BRISEFER, JELERISQUE.

BRISEFER.

J ELERISQUE.

JELERISQUE.

Sire, me voilà.

B R I S E F E R *regardant à fa montre.*

Que Sangodemis quitte ces lieux ; aidez - le à faire fes paquets ; la galliote part à fix heures ; il a encore vingt - cinq minutes à lui, qu'il parte ; s'il differe, qu'on l'étouffe.

JELERISQUE.

C'eft dit.

SCENE IV.

BRISEFER, BOURADE, BERLINGUE.
fa fuite eft enchaînés.

B E R L I N G U E *à fon papa.*

M O N cher pere, je ne vous quitterai jamais.

B O U R A D E *à BRISEFER.*

Je fuis miftifié ; barbare, acheve ton ouvrage ; la vie me déplaît, tue-moi.

B R I S E F E R.

Je le devrois. Pour venger feu mon frere, & rallonger ton fuplice, à mon cabriolet je devrois t'atteler, mais tu n'en vaux pas la peine,

B O U R A D E.

Mille bombes.

B R I S E F E R.

C'eft envain que tu rechignes ; pour vous, Mademoifelle Berlingue, tout cela ne vous regarde pas. Allons, de la joye, je viens ici pour vous faire rire : Jelerifque.

J E L E R I S Q U E.

Sire.

B R I S E F E R.

Qu'on ôte toutes ces chaînes, je leur fais grace.

B O U R A D E E T B E R L I N G U E.

Allons nous promener, pour fécher nos pleurs.

B iij

BRISEFER.

Air : *Allons gai , réjouiffez-vous.*

Je veux que tout le monde danfe ,
   Vainqueurs & vaincus ,
Et que mon Caiffier vous avance
   Chacun quatre écus.
   Allons gai , réjouiffez-vous ,
   Faites ici bombance ,
   Allons gai , réjouiffez-vous
   Et faites les foux.

RÉCITATIF *chanté.*

Quand je parle , que le canon fe taife.

DIVERTISSEMENT.

CHŒUR.

Même air.

Il veut que tout le monde danfe ,
   Vainqueurs & vaincus ,
Et que fon caiffier nous avance
   Chacun quatre écus.
Allons gai , réjouiffons-nous ,
   Faifons ici bombance ;
Allons gai , réjouiffons-nous ,
   Et faifons les foux.

         (On danfe.)

Fin du fecond acte.

ACTE III.

Le Théâtre repréfente un port de Mer.

SCÈNE PREMIÈRE.

BERLINGUE *feule.*

QUE je fuis malheureufe ! Il faut que je demande la protection de mon plus grand ennemi. Mon amant va partir, voilà fa valife qu'on porte à la galliote.

Air: *J'ai perdu mon amant.*

> Adieu mon cher Amant,
> Objet trop plein de charmes;
> Malgré l'éloignement,
> Aime moi conftamment:
> Souviens-toi que tes armes
> Ont fait tout mon chagrin,
> Que je verfe des larmes
> Sans fin.

SCÈNE II.

BERLINGUE, BRISEFER.

BERLINGUE.

Air : *de la Confession.*

Je viens devant vous
Pour vous demander une grace.
BRISEFER.
C'eſt,
BERLINGUE.

Permettez-nous
De nous en aller de chez nous ;
De tout ce train-là je ſuis trop laſſe :
Laiſſez-nous partir ,
Fuir
Dans quelques déſerts :
Laiſſez-nous nous cacher , de grace ;
Dans quelques déſerts ,
Dans quelques coins de l'Univers.

BRISEFER.

Non, Mademoiſelle, je veux réparer les maux
que j'ai faits ; je vous rends maiſon, chateau , cour,
baſſe cour, robe , linge , meuble , chevaux & chiens :
je fais plus , je vous épouſe.

BERLINGUE.

L'ai-je bien entendu !

BRISEFER.

Oui , Princeſſe , acceptez les prémices d'un cœur qui vous adore.

BERLINGUE.

Oſes-tu bien , barbare , m'offrir ta main qui vient de tout détruire, encore teinte du ſang de mes parents.

BRISEFER.

Air : *Ce n'eſt qu'ici , oui ce n'eſt qu'au village.*

Né dans les champs
Où la franchiſe brille,
Je ne ſuis pas le ton des courtiſans ;
Quand une fille
Paroît gentille ,
Je dis que j'aime ,
Je veux de même ,
Que dans le jour
On réponde à l'amour ;
Sachez qu'ici je fais la loi ,
Obéiſſez , Madame ,
Je commande , je ſuis le Roi ,
Je veux que vous ſoyez ma femme.

Né dans les champs, &c.

BERLINGUE.

Je ne connois de maître que mon papa.

B R I S E F E R.

Il n'eſt plus rien ici ; mais, ſi vous voulez m'épou-
ſer , je lui rendrai tout.

B E R L I N G U E.

J'en ſerois bien fàchée.

B R I S E F E R.

Je vois ce qui en eſt , Princeſſe , Sangodemis va
périr.

B E R L I N G U E.

Aïe !

B R I S E F E R.

Ce ſeul mot fait voir que tu l'aimes , mais je vais
l'exiler au fond de l'univers.

B E R L I N G U E *s'en va en pleurant.*

Ah ! mon dieu , mon dieu , mon dieu.

SCÈNE III.

BRISEFER et MATELOTS.

BRISEFER.

ALLONS, Messieurs les Mariniers, il se fait tard, préparez-vous à partir.

(On danse.)

BRISEFER.

Air : *Vogue la galere.*

Laissez-là votre danse,
Partez, embarquez-vous,
Les vents sont en silence,
Prévenez leur couroux.
Et vogue la galliote, sans cesse, sans cesse, sans cesse
Et vogue la galliote sans cesse d'ici chez vous.

CHŒUR.

Laissons-là notre danse,
Partons, embarquons-nous
Les vents, &c.

SCÈNE IV.

Les Acteurs précédents, GILVERT.

GILVERT, *dans un bâteau, tenant un papier à la main.*

ARRETEZ , Galiotins , arrêtez , écoutez ma voix.

Air : *de M. de Catinat.*

Crainte de défordre
Faut refter ici ,
Meffieurs tel eft l'ordre
Qu'en ma main voici;
Sachez que l'on trame
Contre nous amis
Pour prendre la femme
De Sangodemis.

I I.

Il faut la défendre
De tout ce train - ci ,
Et dût-on nous pendre ,
Faut coucher ici ,
Entrés tous en danfe
Malgré Brifefer ,
Bravez fa défenfe
Et danfez moi cet air :
Là , là , là , là , &c.
(*Ils s'en vont en danfant l'air précédent.*)

SCENE V.

BRISEFER, *seul.*

Air : *Palſembleu M. le Curé.*

Palſembleu ce tour eſt plaiſant
Il ne reſte-là perſonne :
Je ſuis le Roi, S... odemis défend
De faire ce qu'il ordonne.

SCÈNE VI.

BRISEFER, BOURADE.

BRISEFER.

Avance ici, n'ayes pas peur , ce n'eſt pas en maître que je veux te parler.

BOURADE.

Eh ! bien, que veux-tu ?

BRISEFER,

Air : *Il n'eſt pas de fête ſans lendemain.*

De nos haines cruelles ,
N'allumons plus le flambeau

Par nos longues querelles,
Ce village eſt un tombeau :
Voici qu'elles ſont mes offres,
Sois le maître en ton logis,
Reprens les clefs de tes coffres ;
Soyons amis.

B O U R A D E.

C'eſt un lazi que tu me fais là ; ſoyons de bonne foi,
à quelle condition me rends-tu mon patrimoine ?

B R I S E F E R.

Donne-moi ta fille en mariage , elle eſt gentille ,
je l'aime à la folie ; dis , veux-tu ?

B O U R A D E.

La voilà juſtement.

SCÈNE VII.

BERLINGUE, BOURADE, BRISEFER, JELERISQUE.

BOURADE.

Parbleu , tu viens bien à propos.

BERLINGUE.

Que voulez-vous , papa ?

BOURADE.

Air : *Vois - tu ces côteaux se noircir.*

Vois-tu ce château saccagé ,
Et ce village ravagé ;
Dans le déclin de l'âge
Ton pere en esclavage
De chaînes chargé :
Plus rien dans le garde-manger,
Pas la moindre chose à gruger ;
Pour prix de cet ouvrage ,
Cet homme inhumain
Ose aprés cet outrage
Demander ta main.

Air : *Voila mon coufin l'allure.*

Détefte ce brigant
Mon enfant,
Pour venger mon injure,
Que dans fon cœur un feu dévorant
Le rende comme un lion rugiffant;
Toujours vainement,
Sans ceffe defirant,
Que contre lui-même il jure.

BRISEFER.

Air : *Nous nous marierons Dimanche.*

Rends grace à l'Amour,
Si tu vois le jour ;
Oui pour lui je te pardonne :
Ofe-tu bien ?
Sçais-tu qu'ici j'ordonne !

BOURADE.

Je ne crains rien,
Non, je ne crains perfonne,

BRISEFER.

Rends grace à l'Amour
Si tu vois le jour :
Oui, pour lui je te pardonne.

BOURADE.

Que peux-tu contre moi? Je n'ai plus rien à per-
dre ;

dre ; tu es efclave de tes defirs , & je fuis maître de mon cœur.

BRISEFER.

Jelerifque.

JELERISQUE.

Seigneur ?

BRISEFER,

Qu'on lui mette les menottes.

***

SCENE VIII.

BERLINGUE, BOURADE, BRISEFER, SANGODEMIS.

QUATUOR.

Air : *Branle de Metz.*

SANGODEMIS.

JE viens prendre fa défenfe.

BERLINGUE.

Sangodemis , fauvez-nous.

BRISEFER.

Aurois-tu cette infolence ?
Ne crains-tu pas mon courroux ?

SANGODEMIS.

Je crains fort peu ta vaillance.

C

BERLINGUE ᴇᴛ **BOURADE**, *enſemble.*

Nous attendons tout de vous,
Puniſſez ſon inſolence,
Sangodemis, ſauvez-nous.
            } (*Bis.*)

*(Briſefer va au fond du Théâtre donner des ordres
à Jeleriſque.)*

B O U R A D E.

Mon cher ennemi, je voulois te hair, mais puiſque
tu prends ma défenſe, je te donne ma fille pour femme ; je te marie à ſes yeux.

Air : *Carillon de Vendôme*, ou *Orléans, Boigency, &c.*

Mon ami
Aujourd'hui
Jure d'être ſon mari.

S A N G O D E M I S.

Je jure, je jure
Devant lui
Aujourd'hui,
Que je ſerai ſon mari.

B E R L I N G U E.

Tu jures, tu jures
Devant lui
Aujourd'hui
Que tu ſeras mon mari.

B R I S E F E R.

Il jure, il jure.

Air : *A coup de pieds, à coup de poings.*

Arrêtez-moi ces deux mutins,
Liez leur les pieds & les mains,
Qu'en un cachot on les entraîne,
Il n'eſt plus de grace pour vous,
Vous ſuccomberez ſous mes coups;
Plus de grace pour vous, (*bis.*)
Vîte, qu'en priſon on les mène.

BOURADE ET BERLINGUE,

Méme air.

Dieu du Ciel ſois notre ſoutien,
Pare les coups de ce gredin,
Tu dois prendre notre défenſe,
A quoi ſert la foudre entre tes mains,
 Si tu ne punis les coquins ?
 Écraſe ce gredin,
 Foudroye un tel coquin,
 Tu dois protéger l'innocence.

(On les mène en priſon.)

SCENE IX.

BRISEFER, BERLINGUE.

BRISEFER.

Vous, reftez là. Ah! ça, voulez-vous m'époufer, oui ou non ? Si vous le voulez, cela fera fait en un clin d'œil, à l'inftant je vous époufe; j'embrafferai ces ingrats, & puis après je leur pardonnerai.

BERLINGUE.

Non, je ne le veux pas.

BRISEFER.

Tuez tous ces gens-là.

BERLINGUE..

Je ne le veux pas non plus.

BRISEFER.

Décidez-vous donc.

BERLINGUE, *à genoux.*

Eh! bien, unis la fille au pere, le pere au gendre, le gendre à fa femme, la femme à l'époux, tue-nous tous les trois.

Brisefer.

Ton défefpoir me coupe les bras, je me rends, on n'en tuera qu'un : lequel des deux aimes-tu mieux qu'on tue ?

Berlingue.

Ciel !... dieux !... helas !... oui .... non ...... arrête.

Brisefer.

Toutes ces interjections m'ennuient. Je n'ai pas le tems d'attendre : je vais faire tout apprêter : si je ne reçois pas de nouvelles dans un inftant, on les tuera tous deux.

(Il s'en va.)

SCÈNE X.

BERLINGUE, un Garde.

BERLINGUE, *au Garde.*

ILs vont périr, ah ! Monſieur , faites-moi le plaiſir
d'aller dire qu'on tue mon mari.

Air : *Or dites-nous Marie.*

Parmi tant de déſaſtre,
Dix fois pis que la mort ;
Par le moyen des aſtres,
Voyons quel eſt ſon ſort :
Mon Dieu que c'eſt dommage,
J'ai beau frotter mes yeux
   Un ténébreux nuage
   Me dérobe les Cieux.

I I.

Je défierois Deſcartes
De pouvoir s'en ſervir.
   (*Elle regarde les cartes.*)
Avec ce jeu de cartes
Liſons dans l'avenir :

Dieux ! quelle fin tragique !
Ah ! Ciel , quelle fureur !
Je vois le Roi de Pique
Percer le Roi de Cœur.

Air : *Des pourquois , de la soirée des Boulevards.*

Pourquoi tyran veux-tu tuer mon pere ?
C'est que tu sçais qu'il vaut bien mieux que toi.
Pourquoi toujours barguiner ta colere ?
C'est que pour moi tu sens je ne sais quoi.
Pourquoi veux-tu que je sois adultere ?
C'est que tu n'as ni cœur , ni foi , ni loi,

(*Elle mêle les cartes.*)

Air : *De la confession.*

Chacun à son tour ;
De mon mari voyons l'histoire ;
Chacun à son tour ;
Voyons s'il voit encor le jour ,
Comment le prendrai-je en ce déboire ;
Le treffle est-il bon ,
Non :
En valet de cœur ,
Cela vaut mieux pour mon grimoire ;
En valet de cœur
Cela dépeint mieux la valeur.

Air : *De la charge.*

Voyons ce qu'il en arrivera ,
Ne faisons point de méprise :

(Elle fait trois tas.)

Pour lui, pour moi, pour c'qu'il en fera, } (*3 fois.*)
Sans oublier la furprife.

Air : *Polonois , de Rameau.*

(Elle regarde le premier tas.)

Eft-ce bien lui ?
Oui,
C'eft vraiment
Mon Amant ;
Il eft pâle & mourant :
Que vois-je ! on lui déchire le flanc ?
flanc !

Son front s'irrite ,
Il prend la fuite ;
Pardonne-moi ;
Quoi !
Je ne peux te fléchir.
Ah Dieux ! quel déplaifir !
Je t'ai profcrit ;
Tu vois mon repentir ,
Pauvre petit :
Je devois fauver mon papa
Afin qu'il échappa ;
J'ai dit qu'on te frappa.

Second tas.   Quel jeu nouveau !
Qu'il eft beau !
Quel tableau !
Deux cœurs, un pique, un carreau,

Troisieme tas.   As, six,
                 Neuf, dix,
              Je t'entends,
              Tu m'attends,
              Je vais te voir
                 Au manoir
                 (*Elle retourne, la surprise*)
                 Noir.

Air : *Vous l'ordonnez, je me ferai connoître.*

Je te verrai dans le Royaume sombre,
Mon cher mari, mon ami, mon petit,
Je te suivrai dans l'éternelle nuit,
Je te verrai, j'embrasserai ton ombre.

Air : *Jupin dès le matin.*

Et toi, monstre infernal
Qui fait tout mon mal,
Par ton desir brutal,
   Si les Dieux
Ecoutent mes vœux
Toujours le guignon
Sera ton compagnon,
Quand tu voudras dormir
   Tu veilleras,
Quand tu croiras tenir
   Rien ne tiendras,
Quand tu croiras rougir
   Tu pâliras
Et tu souffriras des dents
   En tout tems.

Dupé par un chacun
  A tous les jeux,
Jouant au vingt & un
Toujours vingt deux,
A chaque inftant trompé,
Enfin tu crêveras conftipé.

(Elle s'en va.)

Fin du troifieme Acte.

ACTE IV.

Le Théâtre repréſente une Priſon.

SCÈNE PREMIÈRE,

SANGODEMIS, *dans la priſon, ſeul.*

Air : *Ah ! le bel oiſeau Maman,*

Me voilà dans un cachot,
Et dans un moment peut-être
On m'enmenera là-haut,
Je crois qu'il y fera chaud.
L'on m'expédira bientôt,
Par les ordres de ce traitre,
Pour déguerpir auſſitôt
C'eſt bien la peine de naître.

Me voilà, &c.

CHŒUR *de priſonniers qu'on ne voit pas.*

Apportez de l'eau-de-vie à la petite penſion à l'eau, deſcendez l'homme de la petite baſtille au premier guichet.

S A N G O D E M I S.

Quels cris affreux, ce font fans doute les pailleux.
Pauvres miférables, vous n'êtes pas trahis par vos
plus grands amis.

Air : *Maudit Amour , raifon févère.*

Maudit tiran , femme perfide ,
Pere poltron tu me trahis ,
Achevez donc votre homicide ,
Aſſaſſinez-moi mes amis ,　　　　　　(Bis.)
Je fens mon cœur dans la détreſſe
Eſt-ce colique , eſt-ce foibleſſe ,
Eſt-ce bétiſe , eſt-ce frayeur ,
Eſt ce amitié , eſt-ce fureur ,
Eſt-ce l'amour , eſt-ce la peur.

Maudit tiran , &c.

SCÈNE II.

BERLINGUE, SANGODEMIS, *un falot.*

SANGODEMIS.

AH! te voilà Berlingue, qu'eſt-ce que tu veux?

BERLINGUE.

J'ai une mauvaiſe nouvelle à t'apprendre, je voulois te la dire moi-même, & j'ai trouvé ce falot qui m'a conduit ici ſans que perſonne ſans doute.

SANGODEMIS.

Allons après, dépêche toi.

BERLINGUE, *paye le falot & le renvoie.*

Eh, bien! il faut que tu ſache, mon ami, que Briſeſer, voulant abſolument tuer l'un de vous deux, j'ai demandé que ce ſoit toi.

SANGODEMIS.

Oh! que je te ſuis obligé de la préférence.

BERLINGUE.

Ah! ah! voilà papa.

S C E N E   I I I.

BOURADE, BERLINGUE, SANGODEMIS.

BOURADE.

Ecoutez? de Brifefer voici les ordres; il eſt comme un fou, il veut, il ne veut pas; il n'a pas le fens commun, enfin il m'envoie te demander ſi tu veux vivre.

SANGODEMIS.

Certainement.

BOURADE.

Mais c'eſt à condition que tu lui cederas ta femme.

SANGODEMIS.

Cela ne prend pas.

BOURADE.

J'étois bien ſûr que tu ne la lâcherois pas, j'ai fait ſemblant de venir ici, & en chemin j'ai retrouvé d'anciennes connoiſſances des Invalides, je leur ai donné parole ſur le port & nous allons nous rebattre.

Air: *Viens, donne-moi le bras, j'irons au bois de Boulogne.*

> Je ſuis venu
> Pour lui donner le change
> Je ſuis vaincu,
> Mais convaincu

Qu'aujourd'hui je vous venge
Dans peu de tems
Oui , j'aurai la victoire ,
Quand on combat pour ses enfans
On est sûr de la gloire.

Air : *De la Filleufe.*

Garde toi ma pauvre fille ,
Garde toi de piauller ,
Que ton efprit foit tranquille
Je fuis fûr de l'étrilier ,
Sans adieu ma chere fille
Garde toi de piauller.

Premier Air.

Je fuis venu
Pour lui donner le change ,
Je fuis vaincu
Mais mon cher dieu ,
Qu'aujourd'hui je vous venge.

TRIO.

SANGODEMIS.	BOURADE.	BERLINGUE.
Dans peu de tems Vous aurez la victoire ,	Dans peu de tems Oui , j'aurai la victoire	Dans peu de tems Vous perdrez la victoire ,
Quand on combat Pour fes enfans ,	En combattant Pour mes Enfans ,	Vous combattrez Pour vos enfans
On eft fûr de la gloire.	Je fuis fûr de la gloire.	Et vous mourrez fans gloire.

(Bourade fort.)

SCÈNE IV.

BERLINGUE, SANGODEMIS.

BERLINGUE.

Il va se faire tuer.

SANGODEMIS.

Oh! que non.

BERLINGUE.

Vois le sort qui t'attend, l'autel est préparé, on
va t'égorger & puis on me mariera à ta vue.

SANGODEMIS.

Grands Dieux, le permettrez vous?

BERLINGUE, *tire deux couteaux de sa poche.*

J'ai tout prévu.

Air: *Une fille est un oiseau.*

Nous pouvons calmer nos maux
  Et finir notre misere,
  Voilà justement l'affaire,
  Avec ces petits couteaux
A l'endroit où l'on s'assemble
Nous nous percerons ensemble,
  Que t'en semble ?

SANGODEMIS.

Ah ! je tremble.

BERLINGUE.

Ce plaifir eft plein d'attraits
Aux yeux de ce Roi barbare,
Nous defcendrons au tenare
Pour ne revenir jamais.   (*Bis.*)

SANGODEMIS.

Air : *Ah ! vous dirai-je maman.*

Donne, donne ce petit couteau,
   C'eft un très-joli cadeau.
   (*A part.*)
   Voilà de mon mariage,
Voilà donc le premier gage.

ENSEMBLE, *gayement.*

Par le moyen de ces deux couteaux,
Nous allons finir nos maux.

D

SCÈNE V.

JELERISQUE, SANGODEMIS, BERLINGUE,

JELERISQUE.

SORTEZ, on vous attend-là haut.

SANGODEMIS, *à Berlingue.*

Tu blanchis, aurois tu peur, allons mourir gaye-
ment.

Fin du quatrieme Acte.

ACTE V.

SCÈNE PREMIÈRE.

Marche de Grands Prêtres & Chœur.

CHŒUR.

Ah ! ah ! ah ! ah ! ah ! &c.

LE GRAND PRÊTRE, *seul.*

RÉCITATIF volontaire.

Elevé au-deſſus des clochers, toi qui marche ſur les étoiles, directeur des Elémens qui fais mouvoir l'Univers ſans cordes & ſans machines, toi qui fais la pluie & le beau tems, écoute nos vœux.

LE CHŒUR *reprend.*

Ah ! ah ! ah ! ah ! ah !

SCÈNE II.

LE GRAND PRÊTRE, BRISEFER, BERLINGUE, *Soldats*, *Peuples*.

BRISEFER.

PEUPLES, Soldats, Brocanteurs, Perruquiers, Populace, écoutez ma voix.

Air : *Fierrot sur le bord d'un ruisseau.*

Prêtres que j'assemble en ces lieux,
Sachez que je veux épouser Madame,
Sachez que j'en suis amoureux,
Faites-le savoir à vos Dieux.
Oui, Berlingue sera ma femme,
Je vais avoir dans l'instant son aveu
Et nous ferons la nôce au Cadran bleu
J'ai donné le Denier adieu.

Princesse, il faut ceder au plus fort, il faut m'épouser, ou Sangodemis va subir la mort.

BERLINGUE, *en pleurant.*

Respire-t-il encore ?

BRISEFER, *en colere.*

Certainement, puisque je vous dis qu'on va le tuer, tenez, le voilà.

SCENE III.

SANGODEMIS, BRISEFER, BERLINGUE,
Peuples Soldats.

BERLINGUE.

Il faut prendre fon parti en brave.

RÉCITATIF volontaire.

Brifefer pour ne point prononcer un blafphême,
Avant que de ceder à ton ordre fuprême,
Permets-moi de lui dire un feul mot à l'oreille
Afin de délier.

BRISEFER.

Je comprends à merveille.

BERLINGUE.

Laiffes-nous dans un coin
Et regarde de loin.

BRISEFER.

Je le veux bien, Peuples éloignez-vous.

BERLINGUE.

Cher ami, embraffe moi.

BRISEFER.

Eh ! qu'allez-vous faire ?

BERLINGUE.

Tout à l'heure tu vas le voir... Ne fais pas un seul geste , ou ce couteau dans mon cœur va jouer son jeu.

BRISEFER.

Mais vous êtes folle.

BERLINGUE *chante.*

Perçons-nous cher amour.

SCENE IV.

Les Acteurs précédens, JELERISQUE.

JELERISQUE.

Air : *Monseigneur d'Orleans.*

Accourez Monseigneur ,
Bourade est en fureur ,
    Il nous fait peur ,
Grand Dieu ! quel brétailleur,
    A cheval sur la valeur
    Il fait voler la terreur ;
Il frappe de si bon cœur
Qu'il pourroit être vainqueur,
Dans tous les rangs il répand l'horreur ;
    Le soldat meurt de frayeur.

On ne voit que bleſſés ,
Que membres fracaſſés ,
Et la plupart des nés
Sont caſſés.
L'un veut ramaſſer ſon bras ,
Pif, pouf, ſa tête eſt bas.
Un autre vient pour voir ce que c'eſt ,
Paf, il reçoit un bon ſoufflet ;
L'un par devant eſt bleſſé ,
L'autre par le dos percé
Il fait des yeux étonnez,
Celui-ci lui crache au nés :
Votre Capitaine eſtropié
Chez lui retourne à cloche pied ;
Des pieds , des mains & des mentons ,
Des membres de toutes façons
Sont râſés , hachés par ce bourru ,
Monſeigneur , tout eſt perdu.

Brisefer.

De ces marauts je vais punir l'audace ; toi , mon
cher Jeleriſque , montre l'exemple aux poltrons ,
& vous , gardez-moi ces gens-là , je ſerai ici dans
l'inſtant.

SCÈNE V.

SANGODEMIS, BERLINGUE, PRÊTRES, SOLDATS et PEUPLES.

BERLINGUE.

MESSIEURS les Prêtres, pendant ce tems-là, je crois qu'il ne feroit pas mal de chanter un petit air, pour que les Dieux nous protégent.

CHŒUR DE PRÊTRES.

CANON.

Air : *Grégoire eſt mort.*

Dieu de chez nous,
Sauves-nous tous ;
Que Briſefer
Aille en enfer :
C'eſt un coquin,
C'eſt un gredin.

CHŒUR DE PEUPLES.

CANON.

Air : *J'aurai une robe.*

Il ravit nos femmes,　(*bis.*)
　Caſſe tout,　(*bis.*)
　Nous étrille,　(*bis.*)
Et boit notre vin.　(*bis.*)

SANGODEMIS.

Donnez moi des armes, (*bis.*)
Un bâton, un canon, (*bis.*)
Peut m'imporre, (*bis.*)
Je veux les roffer. (*bis.*)

(*Le combat fe paffe derriere le Théâtre.*)

CHŒUR POPULAIRE, *qui fe fauve.*

C A N O N.

Entendez-vous le carillon,
Dindi, dindon. (*bis.*)

SCÈNE VI.

BERLINGUE, BOURADE, SANGODEMIS.

BERLINGUE.

Quel bacanal ! on ne s'entend pas.

BOURADE.

Eh bien, mes enfans, j'ai gagné.

BERLINGUE.

Ah ! voilà papa, bonjour papa, comment ça va-
t-il, papa ?

BOURADE.

Prêtres, Populace, tout le monde ; à mon tour,
je fuis le maître.

SCÈNE VII *& derniere.*

BRISEFER , *enchaîné* , BOURADE ,
SANGODEMIS , BERLINGUE,
& tout le monde.

BOURADE.

Enfin , tu es dedans.

BRISEFER.

Air : *de la Provençale , ou j'avois cent francs.*

Je suis vaincu ,
Vîte que l'on me tue.
BOURADE.
Chaffez-le de ma vue
A coups de pied au cu.
BRISEFER.
J'ai trop vécu.
SANGODEMIS , *en lui rendant son épée.*
Reprend , bourru ,
Ta guinderelle nue.
BOURADE.
Eh ! que diable fais-tu ?
SANGODEMIS.
Ce que j'ai du.
Je l'ai connu
Bien avant qu'il voulu
De moi faire un...
BOURADE.
Motus.

BRISEFER, *prend son épée.*

Air : *Pour voir un peu comment ça fra.*

Par-là tu m'apprends mon devoir.
Je veux finir comme Lucrece ;
Regardez tous, vous allez voir
Le dénouement de cette piece.
Je vais percer mon cœur par-là
Pour voir un peu comment ça fra.

SANGODEMIS.

Air : *La belle Bourbonnoise.*

Arrête, arrête, arrête,
Quoi ! tu veux te percer   (*bis.*)
Avec cette lancette ?
Mais tu vas t'écorcher,
   Eh, eh, eh, eh,
Non, cela n'est pas sage.
Mais tu vas te blesser ;
Avec ce badinage   (*bis.*)
Tu risque à t'estropier.
   Eh, eh, eh, eh.
Avec ce badinage
Tu risque à t'estropier.

SANGODEMIS.

Vis, puisque ton ami te pardonne, pourquoi faire l'enfant ?

BERLINGUE.

Air : *L'Amour Quêteur.*

Vis pour toi, vis pour tes amis,
Et pour toute la compagnie ;
Vis pour aller en ta patrie,
Et pour ton Sangodemis ;

Vis pour reprendre ta couronne,
Et pour en faire tes profits ;
Vis pour toi , pour tes amis,   (*bis.*)
Vis puifqu'on te pardonne.

BRISEFER.

Air : *Le gros Lucas , fous fon chapeau.*

Ma foi , votre raifon me plaît ;
   Rien n'eft tel que de vivre.
Oubliez tout ce que j'ai fait ;
   Je crois que j'étois yvre ;
Je me fouviens que ce matin
En déjeunant , j'ai bu du vin
   Tout plein, tout plein , tout plein ;
Apparemment qu'il grimpa là ,
   Là , là ,
   Oh , oh , oh , ah , ah , ah ,
Oui , je vois d'où vient tout cela.
   Là , là.

BOURADE.

Même air.

Heureufement , tout eft fini ,
   Grace à la providence ;
Laiffons-là ce brouillamini ;
   Il faut ici qu'on danfe ;
Danfez , chantez , amufez-vous ,
Jouez , riez , faites les foux ,
     Criez ,
     Chantez ,
     Sautez ,

Jambe d'ici, jambe de là,
Là, là,
Oh, oh, oh, ah, ah, ah,
Ne penſons plus à tout cela,
Là, là.

Air : *Du carillon de Dunkerque*, Contredanſe.

D U O.

SANGODEMIS, BERLINGUE.

ENSEMBLE.

Que nous ſommes heureux ¡
Nos deux cœurs amoureux
Voɲt paſſer en ces lieux
Des momens délicieux.

SANGODEMIS.

Ma petite brunette,
Ma petite poulette.

BERLINGUE.

Chouchou, rara, tonton,
Mon cher petit chaton.

SANGODEMIS.

Ce ſoir dans ma chambrette.

BERLINGUE.

Que ferons-nous, mignon ?

SANGODEMIS.

Nous dormirons tous deux.

ENSEMBLE.

Que nous ſommes heureux !
Nous ne craignons plus rien,
C'eſt un mal fait pour un bien.

(*Un divertiſſement termine la Parodie.*)

F I N.